वही सांवली लड़की

वही सांवली लड़की

गोलक चंद्र दलाई

हिंदी अनुवाद
इन्सार अल्ली खान

BLACK EAGLE BOOKS
Dublin, USA

BLACK EAGLE BOOKS
USA address:
7464 Wisdom Lane
Dublin, OH 43016

India address:
E/312, Trident Galaxy, Kalinga Nagar,
Bhubaneswar-751003, Odisha, India

E-mail: info@blackeaglebooks.org
Website: www.blackeaglebooks.org

First International Edition Published by
BLACK EAGLE BOOKS, 2024

WOHI SAWONLI LADKEE
by **Golak Chandra Dalai**
Translated by Insar Alli Khan

Original Copyright © **Golak Chandra Dalai**
Translation Copyright © **Insar Alli Khan**

All rights reserved. No part of this publication may be reproduced, stored in a retrieval system, or transmitted, in any form or by any means, electronic, mechanical, photocopying, recording or otherwise without the prior permission of the publisher.

Cover & Interior Design: Ezy's Publication

ISBN- 978-1-64560-536-2 (Paperback)

Printed in the United States of America

उत्सर्ग...

मेरी जुझारूपन का
तुम एक उछलती आवेग हो
तीव्र उद्वेग हो
सब्ज सम्मोहन हो
अनतिक्रमय मोह हो
अपरिमित सुख सपन हो
सर्वोपरि अनन्या और अनिवार्य आकर्षण हो.

ओ, हृदयेश्वरी !
जान गया, तुम्हारे बिन जन्म वृथा है
इसलिए, निश्चित मरण है.

तुम्हारी सुकोमल हाथों से....

पृष्ठभूमि

जो बात अबतक बोला नहीं है

हमारी भाषा साहित्य में ऐसे ऐसे शब्दों और वाक्यों हैं जिसको सुनने या पठन करने पर सीधा ह्रदय को स्पर्श कर जाता है,मन मोह लेता है और श्रोता या पाठकों को मंत्र मुग्ध कर देता है। ठीक वैसे ही कवि गोलक चंद्र दलाई की कविता संकलन 'वही साँवली लड़की' मुझे पहले से ही आकर्षित कर चुकी थी। जब कि मैं सामाजिक गण माध्यम से आवोलोकन होकर कवि से संपर्क साध कर, कविता संकलन को प्राप्त किया और तसल्ली से पढ़ा, समझा! कहना निष्प्रयोजन होगा, लेकिन यह ओड़िआ साहित्य में ह्रदयस्पर्शी प्रेम कविता का एक श्रेष्ठ निवेदन और निदर्शन है। इस संकलन का अनुवाद करते समय मैं ने मूल ओड़िआ कविता का भाव और भाषा को जस का तस रखने के लिए संयम वरता कविता की पूरी संकलन को अध्ययन करने के बाद मेरा व्यक्तिगत अनुभव यह रहा संकलन की प्रत्येक कविता प्रेम से ओतप्रोत है। कवि स्थूल प्रेम से कहीं ज्यादा श्वासत प्रेम का विलासी रहे हैं। यहाँ यह भी उल्लेखनीय है कि प्रेमिका की एक आकर्षक शरीर है.इसलिए प्रेम कविता श्वासत और शारीरिक दोनों है। इस कविता संकलन को दो भागों में बाँटा गया है,एक हेमलता नाम की प्रेमिका है दूसरी पायल के उद्देश्य से है। हो सकता है, कवि के जीवन में समय के साथ दो प्रेमिकाएँ (काव्य नायीका) के प्रवेश है, जिससे प्रेरित होकर कवि इन कविताओं को लिखने में समर्थ हुए हैं या ऐसा भी हो सकता है कवि हेमलता नाम को पुरानी विवेचित कर समय के साथ काव्य नायीका को एक नई नाम 'पायल' से स्वीकारा है बावजूद इसके साहित्यिक दृष्टि से यह अनुसन्धान का विषय

नहीं है। कविता में सिर्फ काव्य रस का पान करना ही पाठक का एक मात्र कामना होता है। ओड़िआ काव्य जगत में प्रेम कविता या प्रेम कविता संकलन कभी चर्चा में आई तो कवि गोलक चंद्र दलाई की यह प्रेमानुराग पुस्तक 'वही सांवली लड़की' को निसंदेह याद किया जायेगा और पाठ्य पुस्तक में शामिल भी किया जा सकता है। इस संकलन का अनुवाद करते समय उभय भाषा और भाव के दृष्टिकोण से मुझे जिन (छंद, पद, बंद) ज्यादा मोहित और प्रभावित किया है उसका छोटा सा अंश पेश करता हूँ, मनुष्य के लिए प्रेम जो कितना

अनतिक्रमण और अनिवार्य है इसका एक उदाहरण है हेमलता: बागों के फूल से -

'लौट कर आया है मै ने
उन महकती स्वासों से
तट से,घाट से
तर्पण से, संताप से
मेघ से, मलय से
युद्ध से, जरायु से
सिंहासन से, साधना से
शब्द साधन से, मग्न मृगया से
अनवरत यात्रा से, साथ ही
ब्रम्हलोक से।'

यह बात सच है कि मनुष्य के जीवन में प्रेम एक नैसर्गिक अनुभव है.एक बार प्रेम में पड़ने के बाद भाग्यवती प्रेमिका, प्रेमिक के लिए बन जाती है 'कोटि ब्रह्मांड सुंदरी' और उस प्रेमिका की शुभ कामना के लिए प्रेमिक किस तरह सत प्रयाशी

और प्रार्थनारत हो सकता है देखिए उसका एक उज्जवल उदाहरण है (पायल: खुशी से)

हे प्रभु!
दु:ख नाम का जो शब्द सृष्टि हुआ है
वह न रहे पायल का भाग्य अभिधान में
विषादग्रस्तता की छाया कभी भी न पड़े

उसके शरीर में।

इस तरह की प्रेम कविता की सुन्दर सुन्दर पंक्तियाँ पढ़ने पर मन को मंत्र मुग्ध कर देता है जो मुझे पहले से यह कविता संकलन अनुवाद करने के लिए आकर्षित कर रहा था।

बात होती है कि किसी भी घटनाओं का वर्णन का पठन अनुभूति, कल्पना या प्रत्यक्ष दृश्यावलोकन द्वारा ही एक लेखक के अंदर पहले भाव तरंग उत्पन्न होता है, बाद में सम्पर्कित लेखक उस भाव को साहित्य का रूप दे देता है।

उत्कृष्टता के दृस्टि से साहित्य को चार भागों में बांटा जा सकता है, निम्न उत्कृष्ट, उत्कृष्ट, उत्कृष्ट तर और उत्कृत्तम। क्यों कि सभी लेखकों एक जैसे। नहीं होते हैं लेकिन लेख कितना उत्कृष्ट है वह सम्पर्कित लेखकों की पारदर्शिता और पाठकों की ग्रहणीयता पर निर्भर करता है भिन्न एक दृष्टिकोण से प्रत्येक साहित्य आपेक्षिक है।

यह बात भी सच है कि लेखक की उत्कर्षता को निर्धारित करने के लिए कोई निर्दिष्ट मापदंड या परिमापक नहीं है। इसलिए इतना कहा जा सकता है जो लेख पाठक के ह्रदय को छूँ लेता है, मन को मोह लेता है और पाठक को एक अतिद्रीय भावना राज्य में सैर करा कर विरल आनंद प्रदान करता है। इस लेख ही सर्वोउत्कृष्ट है जो अहसास हुआ इस कविता संकलन से। निष्कर्ष में, मैं इतना ही बोलना चाहूंगा कि यह हिंदी अनुवाद संकलन, मूल ओड़िआ संकलन से निश्चित रूप में अधिक से अधिक पाठकों तक पहुंच कर आनंद का स्वाद प्रदान कर सकेंगे क्यों कि हमारा भारतवर्ष में हिंदी भाषा भाषी व्यक्ति और पाठकों की संख्या कहीं अधिक है साथ ही विदेश में भारतीय मूल के पुस्तकप्रेमी लोग अधिक रहते हैं। मेरी आशा और विश्वास है कि उक्त कविता संकलन में स्थानित कविताएँ पाठक और पाठिकायें को मंत्रमुग्ध कर उन लोगों की पठन प्यास बुझाने में सक्षम रहेगी।

इन्सार अली खान

अनुवादक

सूची

हेमलता : बागों के फूल	१३
हेमलता : पेड़ की छाया	१५
हेमलता :.पिकनिक	१७
हेमलता : हेम मृगी	१९
हेमलता : गोपनीय बात	२०
हेमलता : मिलन की व्याकुलता	२१
हेमलता : सुनहरा सवेरा	२४
हेमलता: संध्यादीप	२६
हेमलता: गीतस्वर	२७
हेमलता: सुख संधान	२८
हेमलता: दिल देने के पश्चायत	२९
हेमलता: स्मृतिफूल	३१
हेमलता : तुम बिन	३२
हेमलता : अब कहाँ हो	३३
हेमलता : ठिकाना	३४
हेमलता : हंसी	३५
हेमलता : रेल यात्रा	३८
हेमलता : स्वप्निल आवेग	४०
हेमलता : फीका फागुन	४२
हेमलता : प्रेम नहीं करूँगा	४४
हेमलता : घाट सुख	४६
हेमलता : तनु तीर्थ	४८
हेमलता : संसार सुख	५०
हेमलता : मोक्ष नहीं चाहिए मुझे	५२
हेमलता : सुख मरण	५४
हेमलता : पुनर्जन्म की अपेक्षा	५५
पायल : नील सम्मोहन	५७
पायल : अन्यमनस्कता	५९
पायल : शपथ	६०

पायल : उड़ान	६१
पायल : मायांजन	६२
पायल : पतंग	६३
पायल : अनिवार्य मोह	६४
पायल : अंतर्यात्रा	६६
पायल : श्रीकृष्णया प्रेम	६७
पायल : छिंक	६८
पायल : अमृतमय प्रेम	६९
पायल : प्रार्थना	७०
पायल : सचेतनशीलता	७२
पायल : उपहार	७३
पायल : व्यवधान	७४
पायल : खुशी	७५
पायल : कलात्मकगुण	७७
पायल : जीवन्मयता	७८
पायल : प्रतिकल्प	७९
पायल : मौसमी बारिश	८०
पायल : उज्जल चांदनी रात	८२
पायल : विरल अनुभव	८४
पायल : महानुभवता	८६
पायल : मन पक्षी	८७
पायल : श्वासत संपर्क	८९
पायल : अंवेषण	९१
पायल : पूरवी राग	९३
पायल : आंख की भाषा	९४
पायल : निशिपद्या	९५
पायल : आवर्तन	९६
पायल : भाव सुन्दरी	९८
पायल : मेघ पालकी	१००
पायल : को -पार्टनर	१०३
पायल : सनिग्ध उच्चारण	१०५
पायल : बांसुरी के सात स्वर	१०७

हेमलता: बागों के फूल

हेमलता!
बनाया है,जब भी मैं ने
ताज़ा तरीन बागों का चित्र
तुम उभरी हो फूल बनकर उस उपवन में
महकाई हो मेरे ह्रदय भवँर को, अभ्यान्तर में।

लौट कर आया है मैं ने
उस महकती श्वासों से
तट से, घाट से
तर्पण से, तपसचार्य से
मेघ से, मलय से
युद्ध से, जारयु से
सिंहासन से, साधना से
शब्द साधन से, मग्न मृगया से
अनवरत यात्रा से, साथ ही
ब्रह्मलोक से।

रातों को रिमझिम बारिश बनकर, वर्षा है मैं ने
तुम्हारी ताजगी हरियाली के लिए
मंद मंद दक्षिणा हवा बनकर बहा है मैं ने
तुम्हारी सुगंधता के लिए।

ऐसा ही है मेरी चाहत का प्रबलता, सांद्रता
ऐसे ही तुम्हारे साथ मेरा
ऐतिहासिक मिलन की गवाही।

तुम्हारे स्वच्छ, निष्कपट ह्रदय के सामने
चमकती मरक्युरी की रौशनी भी फीकी है
तुम्हारे प्रेम की एकाग्रता, एकांतता के सामने
विरोध, समालोचना सब कुछ गौण है।

इसलिए सुबह हो
या शाम में
चमकती रहो तुम हमेशा रौशनी बनकर
मेरे शिशिरसिक्त शरीर में।

■

हेमलता : पेड़ की छाया

जीवनपात्र भरा है कितना मेरा
सुख, दुख की अनुभूतियों से
कहीं है वह प्रारम्भ तो
कहीं है वह अंत
कैसे व्याख्या करूँ, कविता में।
चलता था जब मैं, जीवन पथ पर
भावुक पथिक बनकर
हेम, बुलाई पीछे से जिस दिन
ठहर जाओ ऐ, गोलक भाई।
पीछे मुड़कर देखा जब मैं ने
पलभर में हो गया दिवाना
लड़की नहीं है वह तो, आ रही है मेरी ओर
जैसे उच्छलित नदी बनकर।
बुलाई नहीं थी वह मुझे, की थी
बस, एक प्यार भरा निवेदन
पता नहीं क्यों उस समय
मेरा मन हुआ इतना अनमना।

भुला चुका हूँ मैं, अनेक घटनाओं को
जीवन की इस पगदंडी पर
पर कुछ स्मृति ताज़ा हो उठती है

अतीत के इस आईने में।
तपती धुप, झड़ी बारिश में
मैं पथिक जब थक जाता हूँ
हेम कभी छतरी बन जाती है, तो
कभी हिम, कभी घने वृक्ष की छाया।

■

हेमलता: पिकनिक

हर साल की तरह, ठंड का मौसम में
याद आ जाती है पिकनिक की बातें
मार्गशीर में दिवार पर झोटी चित्र की तरह
याद आ जाती है प्रिया हेमलता।

कालेज में हैं
इतनी सारी लड़कियां
हेम जैसी कोई नहीं है।

हेम को बोला एक बार
हम आनर्समेट मिलकर
घूमने चलेंगे पिकनिक (स्पॉट)
केऊँझर की बड़ी घाघरा
फुर्सत मिली तो सिताविंजी।

पिकनिक के लिए उससे
विदाई लेते समय
मेरा हाथ में वह
शौ रुपये पकड़ाई और
बोली समझाकर
अवसोस, मैं नहीं चल रही तुम्हारे साथ।

शोर शराबे के बीच पिकनिक स्पॉट में
छिपी रहती है कितनी सरासता
पर मेरे मन में
किसीने भरा था नीरवता।

मैं पिकनिक पर था
पर खुद से बेखुद था।

गुमसुम हो कर
पत्थर खंड पर बैठे
झरने की ओर
झरने के पानी में
देख रहा था हू ब हू
हेम की मुँह की छाया।

पास आकर किसी ने
मुझे जब छुआँ
पुष्पझुला सपने से ध्यान हटाकर
हो जाता हूँ मैं हकीकत से रु ब रु।

क्या हेम जैसी प्रेमिका को
जीवन से मैं निकाल पाउँगा ?

हेम अभी दूर सुदूर
नल वन की पक्षी है
चाहकर भी चाहने से
आँखों से वह बहुत दूर है।

■

हेमलता : हेममृगी

तुम ग्रीष्म संध्या की ताज़ा चमेली हो
रात की रजनीगंधा
मेरी प्रीति आँगन की आलसी नायिका हो
तुम हो चंचल छंदा।

बारिश के मौसम की तुम बहती सावन हो
अभिमान से बहती रहती हो
नीर होकर नयन की नदी में
शांत होकर सदा बहती हो।

अलसी के खेत स्वर्णफुल जैसा
शरत के उज्जवल चंद्र
जहाँ भी रहूं मैं, दूर हो या करीब
मोह लेती हो तुम मेरा मन।

हेमंत की तुम हो जी मादा संध्या कोहरा
शीत का मुलायम धुप
पकड़ने का जितना कोशिश भी मैं करूँ
आसानी से हाथ न आती हो तुम।

बसंत की तुम मंद मलय हो
कितनी जो आहें भरती हो
दर्शन देकर पल भर में गायब
छूना मुश्किल हो जाती हो तुम।

हेमलता : गोपनीय बात

मुलाक़ात होने पर बताऊंगा, वह बात
रोज ख्यालों में डूबा रहता हूँ, मैं
सामने आने पर बोल नहीं पाता
पड़ जाता हूँ क्यों सदा संसय में, मैं

बेचैन रहता है यह चंचल मन मेरा
तुम्हारे जाने के बाद
न बोल पाने पर दिल की कसक
एकांत में बैठ कर तड़पता हूँ मैं।

इसका नाम अगर प्रेम है, तो मान लो
इस प्रेम सागर में डूबा है मैं ने
प्रेम में जीना प्रेम में मरना
मेरे लिए सब है एक समान।

उगलने से राज, बात हो जाएगी ख़त्म
इसलिए राज को राज ही रहने दो
बोल न पाने की अभूला स्मृति में
मेरा दिन ऐसा ही बीतने दो।

हेमलता: मिलन की व्याकुलता

हेमलता
तुमसे मिलने की इच्छा
जब भी जागती है मन में
उच्छन्न होता है मेरा मन
आत्मा परमात्मा में।

बाकी सारे काम काज
हो जाता है तुच्छ और मामूली
मिलना हो जाता है
बेहद जरुरी
गति मेरा तब बन जाता है
इगल या सुनामी के
महास्त्रोत जैसे।

तुम से न मिलने के लिए
मां की कसम नियम और सर छूना
कीड़े खा जाये
पिताजी की धमकी भी
सर पीटना कितना
आंगन के सामने रखी गोशाला पत्थर पर।

मालूम नहीं है मुझे, कहाँ से
आती है इतनी व्याग्रता
कहाँ से आती है, इतनी
नील व्याकुलता
दिन रात की न है परवाह मुझे
न लाज है न शरम
धन्य है यह मिलन मेरा
धन्य है यह प्रेम।

है कोई आकर
परखे मेरे मन को
न मिलन का जरा भी
डर है, न मरण को ।

दुनिया में और भी हैं
इतनी सारी लड़कियां
तेरे लिए मेरा मन
क्यों होता है, अधीर अथय ?

दुनिया में है इतनी सारी वस्तुएँ
निज, ज्ञान्ति, परिजनों
सबको भुलाकर, तुझसे
मिलने को तरसता है मेरा मन।

असाधारण है
यह मिलन मेरा
मिलने पर ही मुझे
मिलता है सुख चैन।

मिलन की आश में, ऐ गोरी
हो जाता हूँ मैं पागल
अगर न मिल पाता तब
तो हो जाता मेरा निश्चित मरण।

हेमलता: सुनहरा सवेरा

हेमलता!
जैसे झरने बिन पहाड़ है
ऊजाला बिन कमरे
उँगलियाँ बिन हाथ है
पत्ते बिन पेड़
भूमि बिन मनुष्य है
साथी बिन समय
प्रेमिका बिन ह्रदय है
ऐसे ही तुम्हारे बिन मैं हूँ।

तुम हो जल, पवन, निश्वास, प्रश्वास
सुबह, शाम, दोपहर, रात
देवी, भैरवी, प्रेमिका, प्रमोदिनी।

तुम विभोर आकाश में
नील निरवता
तुम पेड़ की छाया में एकनिष्ठ मग्नता
प्रार्थनारत निशार्ध में
तुम हो नील अभिसार।

तुम्हारे बिन
समय स्थिर

प्रेमिका लाचार
अक्षर निश्चल
कवि अथर्व
तुम्हारे बिन सबकुछ असंभव है
हाँ, हाँ तुम नक्षत्र हो
और मैं हूँ ग्रह।

हेमलता : संध्या दीप

दूर पहाड़ की हरियाली हो तुम
शीतल है तुम्हारी छाया
मेरे मन के मंदिर में
तुम एक बहती नदी हो और
शांत होकर बहती रहती हो।

पहाड़ के पार, सूर्य डूबने पर
शाम जब ढल जाती है
तुलसी के चौरा पर
किसी के शुभ मनोकामना के लिए
कभी एक दीप जला देती हो तुम।

मिलने पर बताऊंगा हर बात
सोच कर खुश होता रहता हूँ मैं,
मुलाकात होने पर सब कुछ भूल जाता हूँ
कुछ भी बता नहीं पाता हूँ मैं।

भाव भावनाओं में
प्रेम का परवाना चढता रहे
दिल की बात दिल में रहने दो
कहने को यह प्रीति अगभीर है
न कहने पर भी यह अथाह है। ■

हेमलता : गीतस्वर

मलय की मंद हवाओं से तुम, सच में
चन्दन की खुश्बू सी महकती हो
तुम्हारी स्पर्श से हरियाली लौटती है
फूल फूटता है संतोष का।

ग्रीष्म संध्या की रजनीगंधा हो
मादकता कितना भर देती हो तुम
शरत आकाश का उज्जल चंद्र हो
सुख सपने कितने बाँटती रहती हो तुम।

उदासी के समय जीवन में मेरा
भर देती हो कितनी चंचलता तुम
तुम साथ होने पर यह मन लगने लगता है
सच में, पक्षिराज अश्व के जैसे तेज़।

तुम दो पद हो अलिखित गीत का
मतवाला एक सुर है
गुन गुनाकर गाता रहूं सदा
विभोर होकर उस सुर में।

हेमलता : सुख संधान

एक झील होगी
रहेगा दो ताल के पेड़, झील के किनारे
डाली के बीच से, विखेरता रहेगा
चन्द्रमा, चांदनी की छटा
बच्चों पर माँ की आशीर्वाद की तरह।

मन चढ़ता रहेगा सुख ताल के पेड़ पर
कवई मछलियां की तरह
उच्चता प्राप्ति के आश में
फिर शिर्षता को छूँने से पहले
फिसलकर गिरती रहेगी बार बार नीचे
घायल होकर।

ताल की डाल पर बनाई हुई
गौरिया दंपत्ति का घोसला
संसार के जंजाल से न
जी पाती है न मर पाती है
किस्मत की झूला में डोलती है
पर हाथ आता सुख पल भर में
सर सराकर गायब हो जाता है
दूर दीगमंडल में।

हेमलता : दिल देने के पश्चायत

हेमलता!
यह ह्रदय तुम पर सम्पूर्ण
समर्पित करने के बाद
अब मैं हो गया हूं नि:संग और कंगाल
और साथ में कितना दुर्बल।

तुम्हारे बिन कुछ करने का अब
जरा भी इच्छा नहीं है मेरा
इसलिए तुम मेरी ताकत हो
दृढ़ अवलंबन भी हो।

तुम शाम हो,
तुम सुबह हो,
तुम मेरी तन्मयता हो
तुम्हारा प्रेम विभोर करता है
इस ह्रदय को मेरा।

जीवन की रूखी मरुप्रान्त में
तुम हो एक मरू उद्यान
तुम्हारे सान्निध्य से जीवन मेरा
रहता है सदा फाल्गुन भरा।

इस जन्म का सपना हो तुम
सपना हो तुम चांदनी रात का
ग्रीष्म संध्या की हिना हो तुम
हृदय को रुक रुक कर महकाती हो।

कोटि सौन्दर्य का लावण्य भरा है
तुम्हारी अंग पल्लव में
कोटि चन्द्रमा की शीतल बाँटती हो
कोमल गांधार के सुर में।

तुम बिन प्रिये, यह जीवन है तुच्छ
जरा भी मोल नहीं है मेरा
ऐसे नशा में तुम पागल बनाई हो
पीछे मुड़कर मैं कभी लौट नहीं पाया।

कोई कहता है मुझे पागल रसिक
कोई कहता है ओछा प्रेमी
किसीके माने तो उसका पैर फिसल गया है
हो चला है विपथगामी।
कोई कुछ भी कहे, परवाह नहीं है मुझे
किस किस के मुँह पर हाथ रखूँ मैं
हेमलता अकेली साथ रही तो
दुनिया को भुला दूंगा मैं।

हेमलता: स्मृति फूल

मन की हरियाली बाग में, तुम्हारी
स्मृति है एक ताज़ा फूल
जितनी पुरानी होती है वह
महकती है उतनी जोर जोर।

उस फूल पराग ओंस के बूंदों में
जब सूर्य की किरणे पड़ती है
जगमगता है हमारा मिलन
प्रेम हो जाता है अति प्रबल।

दिन ढल जाता है, संध्या आकाश में
चाँद का सुन्दर मुखड़ा जो दिखता है
उस चाँद में, मैं तुम्हारी मुखड़ा देखता हूँ
और मेरी आत्मा का भी वहां होता है मिलन।

कैसे बताऊँ,हे प्रियतमा
मेरे मन की विरह वेदना
तुम बिन सब कुछ बेस्वाद लगता है
दिल रोता है हिंचक हिंचक कर।

■

हेमलता: तुम बिन

हेम !जिस कपड़े में बांधा था
तुम्हारे प्रेम को कपूर बनाकर
अब वह कपड़ा रह चुका है
सिर्फ मेरी तन्हाई की स्मृति बनकर।

किसका निंदा करूँ, फूटी किस्मत का?
अदृश्य विधाता का?
या, परिस्थिति के कारण
खोया हुआ तुम्हारा प्रेम का सच्चापन का ?

तुम सोने में खचित चमकती
एक असली हीरा हो
तुम्हारा प्रेम भरा ह्रदय
मेरी आत्मा का सहचारी, साथी है
तुम्हारे बिन नहीं है गति, कहाँ है मुक्ति?

जानती हो, तुम्हारे बिन यह दुनिया
धूसर मैदान है
जिसके बीच खम्बा समान खड़ा हूँ मैं।

■

हेमलता : अब कहाँ हो

ढीली कमीज़ पैजामे की अमरावती से
निखोज होने के बाद
अब ढूंढ ढूंढ कर मैं हो गया हूँ एक मुसाफिर।

तुम्हारी बात पूछा है मैं, ने
लाल टस टस अनार के होंठों मे
चोंच घंसती हुई वार्ता वाहक चिड़ियाँ से
शरत की मादा कुआसा में
मुँह धोती हुई फूल संध्या से
बादल की ओढ़नी के बीच से मुँह झाँकता हुआ
लास्यमयी चंद्रमां की तिरछी नजरों से
किसी से भी तुम्हारा ठिकाना का सुराख नहीं मिला।
फिर भी तुमको लेकर
डूबा रहता हूँ अनेक बार भाव समाधि में
मुँह शाम हलकी अँधेरी में
तुम्हारी सागुआनी शरीर दिखता है साफ साफ
मेरा मोबाईल फ़ोन पर।

हेमलता : ठिकाना

घाट का ठिकाना नैयारी जानता है
नदी का ठिकाना नाव
तुम्हारे मनअंदर का ठिकाना जानता है
मंद मलय हवा।

फूलों का ठिकाना मधुमक्खी जानती है
मंदिर का ठिकाना भक्त
रात का ठिकाना सपनों को मालूम है
संपर्क का ठिकाना रक्त।

गीत का ठिकाना बांसुरी अधर
दाह का ठिकाना देह
शिशिर का ठिकाना रखती है संध्या गोरी
दुखों का ठिकाना कोह।

तुम्हारा ठिकाना मैं ढूंढ़ता फिरूं प्रिये
गांव से लेकर शहर तक
कभी मिलती हो तुम तैरती नजरों में
कभी कृष्ण चोटी में।

हेमलता : हंसी

हेमलता की हंसी में
कितना आकर्षण भरा है मालूम नहीं
लगता है, कुआँर पूर्णिमा के चाँद से भी
ज्यादा सरस है।

हेमलता देखने में सावंली, गोलमुखी
और मध्यम ऊँचा शरीर
कोई कोई समालोचना करते हैं उसे
वह है चित्रिणी नारी
जो जरा सी मुस्कुरा देने पर
उसकी गालों में खिल जाती है
दो सुन्दर भंवरी।

रोज सवेरे ताज़ा गोबर से
झाडू लगाती है हेमलता
अरुआ चावल से मिट्टी की दीवारों पर
चित्र बनाती है और
लाल मिट्टी का घोल से रंग भरती है
त्योहारों के दिनों में बनाती है
प्रकार प्रकार के ककरा, पीठा, पकवान।

घर आँगन से चौराहे तक और
चौराहे से घर आंगन तक
इतने में हेमलता
कपड़े बदलती है बार बार
कुल मिलाकर सतरा बार।

हरे रंग में हेमलता की
तिरछी नज़रे और मायाबी होंठों पे
क्या जादू है पता नहीं !
एक बार जिसे मिलती है, उसकी हंसी की महक
मनुष्य तो क्या
स्वर्ग के इन्द्र भी, कहाँ हैं
उसकी एक मुग्ध प्रशंसक।

अतीत में कोई एक कहाँ
प्रेमिक था हेमलता का
उसका हाथ पकड़कर श्रद्धा से
ले गया था घुमाने बालियात्रा
खाया था भेलपुरी
और किया था कुछ चुनिंदा खरीदारी
कानों के झुमके जोड़ा दो जोड़े
पूछने पर हेमलता मुस्कुराकर बोली
अब उन सब बातों की याद नहीं है मुझे।

चतुरी हेमलता कहीं
इतनी बड़ी दुनिया को
हर तरह से परखी है
और आखिर में इतना तो समझ गई
जीवन जब इतनी अलीक (माया)

और क्षणभंगुर यह संसार है
फिर तो अपनी मधुर होंठों से
हंसी का गुलाब बिखेर कर
दूसरों को खुशी बाँटने में
जरा भी कंजूसी किस बात की।

∎

हेमलता: रेल यात्रा

हेमलता!
मैं ने जब भी, जहाँ भी चाहा
तुमसे मिलने के लिए
तुम प्रकट हुई हो एका एक
वहां, उसी रुप में।

चेतना में हो या अवचेतना में
तुम झूलती हो फूलरानी बनकर
मेरे ह्रदय के बाग में।
तुम हो एक अंत: फलगुधारा
एक ख़यानी रिवाज हो
कभी मेरा मन आकाश के चन्द्रमा
तो फिर कभी सपनों की
मूक राजकन्या हो तुम।

तुम बर्षी बादल के नील अपराह्न हो
फूलमती विरहिनी संध्या हो
सूर्यस्नात कमोल सवेरा हो
तुम पास होने पर
थकान भरी यात्रा भी लगती है सुख भ्रमण
कभी कभी दिल करता है
तुम्हारे मेरे बीच का सफर

खिंचता चला जाये
मरते दम तक होकर।
कभी कभी मैं खोज करता हूँ तुमको
यात्रियों से भरी रेल के डब्बे में
अजगरी रेल के अंदर से
बाहर की ओर नज़र फेर कर
एक अजब ख्यालों में
तुम बैठी थी कुछ ही दूर में
डूबी थीं कुछ अलग ख्यालों में
मैं खुद से खुद पर बात करते समय
तुम चुपके से अंदर आ जाती हो
मेरे ह्रदय के कमरे में
घोर निशब्द में।

■

हेमलता : स्वप्निल आवेग

क्यों बांधे हो मुझे
समल के पेड़ पर
क्यों कैद बनाये हो उसको
घर के बंद कमरे में
तुम लोगों को क्या मालूम नहीं
मैं जीता हूँ उसकी हृदस्पन्दन में
वह है मेरे रोमांचित अनुभव में
और मेरे प्रत्येक रोम रोम में।

किसलिए बोलते हो, मेरा घर जला दोगे
आग, पानी, गाय, बैल रोक रखोगे
सारे गांव से मुझे सामाजिक बहिष्कार कराओगे
मेरा तो कुछ समझ में नहीं आता है
प्रेम के अलावा क्या है मेरा अपराध ?

किसका मैं ने खाया, ना लिया
रखा धन न तो चुरा लाया
न किसी को ठुकराया
ऐसे तो जानकारी में कुछ भी नहीं किया मैंने
बस एक लड़की को चाहा है मैंने
प्रेम करना क्या इतना घृण्य और कुकर्म है ?

चिल चिलाती धुप में शमल के पेड़ के नीचे
तुम लोगों ने मुझे खून खराबा किया है
बांस के डंडे से मेरा सर फोड़ा है
देखो फिर भी हँसता हूँ मैं विजय की हंसी
जो हंसी कभी हंसा नहीं है
पृथिवी का कोई भी शहंशाह।

याद रखो सभी शैतानो
तुम लोग जितना भी कर लो गहरी साजिश
और कर लो धार धार हथियारों से वार
फिर भी तुम्हारी हर साजिश होंगे नाकाम
तीव्र स्रोत के सामने
असहाय रेत भरी बोरे डालने समान।

और भी जान लो पापी, अधम
मैं हूँ लोटन साग जैसे
तुम परत दर परत काटने पर भी
मैं मरूंगा नहीं, उगता रहूँगा बार बार
यही है मेरा अनुराग
हेम मेरे अंदर की एक
है स्वप्निल आवेग।

हेमलता : फीका फागुन

स्मृति की नाव से अतीत की नदी
जब भी मैं पार होता हूँ
तब स्वच्छ नीर आईने में
तुम्हारा मुँह दिखाई देता है।

तुम चली गई संपर्क को भूला कर
फागुन हो गया है गुम
उस दिन से मलय छूँ नहीं पाया मुझे
तुम्हारी बात याद करते करते।

जाना था अगर मन की भावनाओं से
लगाई क्यों थी इतनी प्रीति
एक बार आकर देखो
कैसे बीतता है मेरा जीवन निति।

संपर्क टूटा है, मिटा नहीं है
मन से प्रेम मेरा
तुमने तो मुझे कर दिया है पराया लेकिन
आज भी तुम्हारी यादों में डूबा रहता मन मेरा।

काशतंडी फूल नदी तट
और चाँदनी रात झाउवन

यह प्रेमानुभूति इशारों से कहती है
यह सब है पागलपन।
हवाओं के साथ शरबिद्ध पक्षी की तरह
बीतता जाये मेरा जीवन
मेरा अभागा जीवन में क्यों तुम
संजोती थी इतना सपना ?

सोचता हूँ एक फूल का पौधा
मैं लगाऊंगा तुम्हारे नाम से
उस पौधे के जड़ में रोज़
पानी डाला करूंगा तुम्हारी स्मृति से।

हेमलता: प्रेम नहीं करूँगा

प्रेम कभी नहीं करूँगा
यह फैसला किया है मैंने
आग में जला दिया
तुम्हारी हाथ से लिखी चिठ्ठीयों को
प्रेम के सागर से उठ कर
मैं ने गंगा नहा लिया।

रास्ते बदल लिया है मैं ने
तुम्हारे आने के रास्ते से
इंद्रियों को संयम में रखा
तुम को न देखकर भी
मैं अच्छी तरह से जी सकूँ।

प्रेम के कमान से
छोड़ा गया कविता का तीर को
और लौटाकर तो ला नहीं सकता
अब नया तीर छोड़ना
बंद कर दिया है मैं ने
फिर से आहत करना
नहीं था कोई मनसा मेरा।

जब भी मैं ने तुम को देखा
छुप गया रास्ते किनारे पेड़ के पीछे
यात्रियों की भीड़ में
तो कभी अपने आप में।

राग, द्वेष, मान, अभिमान सब कुछ छोड़कर
मैं ने काबू किया, अपने मन को
पागलपना सब छोड़ छाड़ दिया
मैं ने, सच्चा आशिक़पन का।

प्रेम नहीं करूँगा, इसलिए
मुंडन किया
मंदिर गया
देखा मंदिर के गात्र में
तुम जकड़कर पकड़ी हो मुझे
खुले बाजूओं से
और डंस चली हो तुम्हारी
तेज़ सरारती होंठ से।

हेमलता: घाट सुख

हमारा मिलन जितना लम्बा होता है
चाहत भी उतना बढ़ता चला जाता है
अपराह्न की छाँव की तरह।

भौतिक सुखों के पीछे सांसारिक मनुष्य की तरह
मोक्ष के पीछे तन्मय तपस्वीँ की तरह
काया के पीछे छाया की तरह
मैं भी भागता हूँ, हेमलता के पीछे पागल की तरह।

हेमलता रहती है आगे आगे
मैं भागता हूँ पीछे पीछे
दौड़ दौड़ कर दोनों
पहुँच जाते हैं घाट के किनारे।

हेमलता वहां खुशी का अनुभव करती है
मछलियां की चिक मिक शलक देख कर
मुँह से पानी को कुल्ला कर उछालती है ऊपर
एक हिरनमय सुख
चित होकर तैरती है
मेरे ह्रदय की नदी पर

कहानी जमती है दोनों में
एक मुस्लिम लड़की को
भगाकर ले आया था
एक हिन्दू युवक
कैसे कुटा खाता है
हाजत के अंदर
कैसे सिद्धांत और रचना का
विवाह छिपा रहा दीर्घ दिन तक
मिडिया वालों के नजर से !

कहानी का अंत होते ही
हेमलता तैरती है
एक होलीनाव बनकर ऊभा पानी में
उस नाव का पतवार लगाता हूँ
मैं, परम तृप्ति में।

हेमलता : तनु तीर्थ

आने का बोलकर
हेमलता जब पास आती नहीं है
कहानी पढ़ना भी विषाद लगता है
कहीं भी मन लगता नहीं है।

हेमलता आती है अगर
मेरा अधीर प्रतीक्षा को लाँघकर
प्रणय अधीर हो उठता है मेरा
पैर जमीन पर कहीं लगता नहीं है।

झरने बहती है
कितनी सहजता से
मैं और हेमलता
बैठा हूँ आसपास।

हेम क्या कस्तूरी मृग है
सुगंध से महकती है भन भन
यौवन से फला फुला
हेमलता का तन बदन।

धन्य है वह रुपकार

जिसने बनाया है हेमलता का
सुन्दर शरीर का भूगोल।

हेमलता की नीली आँखें, नील होंठों
नील यौवन
अच्छा लगता है मुझे
बिताना उसके साथ नील सपन।

उदासी में हेम
कंकर फेंकती है पानी में
कंकर के साथ हमारी प्रीति
बह चली जाती है गहराइयों में।

पानी बीच हेमलता
भंवर बन जाती है
उस भंवर में मैं
नित्य घूमता रहता हूं।

हेमलता : संसार सुख

सर पर पगड़ी
गाल में पान
हाथ में छड़ी
कंधे पर जुआली
और हल, लंगल।

दो बैल लेकर
मैं घर से जाता हूँ निकल
साथ में हल, लंगल
हेम खाना बना कर
भात, पानी लेकर
पहुँचती है खेतों पर
अविलंब होकर।

हेम को पास देखकर
जोता हल खोलता हूँ
पास के नहर में काक स्नान करता हूँ
कास्तंडी फूल रंग के दोनों बैल
घाँस चरते हैं जमीन बांध पर
मैं खाना खाने बैठता हूँ जामुन के पेड़ के नीचे
घाँस के मैदान पर।

गरम भात को खेत का बैगन तरकारी
मैं खाने को बैठा महा आनंद, उल्लास से
हेम पंखा करती है
अपनी पहनी हुई साड़ी की आंचल से।

हेम बैठी है वहां
मेरी बीबी बनकर
मानो आकाश से सच में जैसा
उतर गईं है सारी खुशियाँ।

आंख जब खुलता है मेरा
हेम पास में नहीं थी मेरे
सपनों में खोया हुआ मैं भी
मुझ से दूर हो चला जाता हूँ।

हेमलता : मोक्ष नहीं चाहिए मुझे

हेमलता !
अगर मोक्ष प्राप्ति से
पुनर्जन्म को वंचित होना पड़े
तो मुझे नहीं चाहिए
ऐसे मोक्ष प्राप्ति का।

तुम्हारी कोमल होंठों का मोह
निर्वाण के प्रार्थना से कहीं अधिक बलवान है
तुम्हारी सहज बंकिम नजरें
लाखों योजनाएँ से भी मुझे
आकर्षित करने के लिए काफी है।

हेमलता !
जितनी बार मिला हूँ तुमसे
नयनों की धार में
कविताओं में
संगीत की रियाज़ में
शब्दों की स्वर समता में
मंद मंद हवाओं में
फूलों की झूलों में
फिर से जन्म लेने की प्रबल इच्छा

जागृत हो उठी है
छेद कर मन-भूमि पत्थर के सन्धि में ।

ऐसा ही अटूट संपर्क
युग युग तक बीतता जाये
तुम्हारी मेरी चाहत
ऐसे ही बना रहे।

हेमलता : सुख मरण

हेम एक अभिमानी
प्रीतिप्रदाई नदी है
मेरे अंदर जो बहती है
सदा कल कल होकर।

हेम एक गीतस्वर है
मधुर झंकार है
मेरे अधीरपन का
हेम एक नील सम्मोहन है।

हेमलता पास होने पर
सब कुछ होता है मेरे पास
स्वच्छन्दता से पहिया दौड़ता है
मेरे मन रथ का।

हेमलता हृदय तीर्थ है
स्मरण में मेरा पुण्य है
हेमलता के बिना नहीं है
मेरा कोई सुख मरण।

हेमलता : पुनर्जन्म की अपेक्षा

इस जन्म में तुम न हुई तो न सही
आंख का आंसू, आंख में सुखाकर
दिल का दर्द, दिल में छुपाकर
मन को समझा दिया है मैंने
अगले जन्म तक के लिए।

आज भी देखने पर किसी
मौलसरी पेड़ को
तुम हाजिर हो जाती हो
सामने मेरे
तुम्हारे साथ बिताई गई
मधुर पलें
झुंक आती है हाथ पाने तक
स्मृति का लचीला डाल से।

तुम को करीब में पाकर
बहुत खुश होता हूँ, पर
अफसोस तब तक
कुछ भी नहीं रहता मेरे पास।

हेमलता !
तुम जो चाहत का

फूलपौधा की जड़ को
काट दी थी अब वह
फिर से उग गई है
हृदय स्पंदन में मेरा
सिखा रही है, प्रेम
पाना हो तो सिर्फ
यह जन्म काफी नहीं है
इंतज़ार करना पड़ता है
जन्म जन्मांतर तक।

पायल: नील सम्मोहन

एक दिन तितली की तरह
अचानक एक भावावेग के प्रवाह से
तुम प्रवेश कर गई थीं मेरे हृदय में
आज एक और भावावेग का शिकार होकर
उस 'तितली' नाम लिखा गया कागज़ को
मैं नाव बनाकर तैरा दिया
'पेथाई' का बेमौसम बारिश के स्रोत में
और आज से तुम्हारा नया नाम रखा 'पायल'।

अब तुम्हारी उद्देश्य से लिखित मेरी सभी कविताएँ
केवल यह 'पायल' नाम से ही सम्बोधित होगा
तुम कभी यह नहीं सोचना कि
पायल कोई और लड़की है, तुम्हारे अलावा
जिसका पाला पड़ा हूँ मैं।

तुम हक़ीक़त में वही पायल हो
जो मन को रंग सकती है, इंद्रधनुष की सप्तरंग में हृदय को महका
सकती है वनमल्ली की खुश्बू में
तुम जितनी खास और निराली हो मेरे लिए, सोचा
तुम्हारा नाम भी उतना भावाद्योतक होना चाहिए
पायल एक युग उपयोगी नाम है
इसलिए तुम्हारा नाम चुना है मैं ने 'पायल'।

ओ जी मानमयी, चारुचित्रवर्णा!
जीवन में ऊँची उड़ान भरने वाली
तुम एक नील सम्मोहन हो
मेरे मन के उपवन में
तुम एक नवेली फागुन हो।

अध्ययन कक्ष, पुस्तकालय, साहित्य समावेश की
पुस्तक मेला, मैं जहाँ भी रहूं
या घूमता रहूं वनस्थ में,
फिर किसी एक विचित्र कल्पलोक में
जब तुम्हारी पायल की छम छम आवाज़
गूंजेगी मेरे कानों में,
सच कहता हूँ पायल
उसी वक्त ही लौट आऊंगा
मैं तुम्हारे सामने ।

पायल : अन्यमनस्कता

पायल,
मैं नहीं रहता हूँ
तुम्हारी दाहिने गाल के ऊपर झूलता हुआ
कुछ चूर्ण कुंतल में
तुम्हारी आँखों की हिरनमय नजरों में
असहाय रूप से डूब मरने का भ्रम पैदा करती हुई
तुम्हारी बाएँ तरफ गाल की भवँरी में
या,
छोटी ऊँगली का नाख़ून को दाँत में काटते समय, तुम्हारी
अन्यमनस्कता में
वल्कि, मैं तुम्हारे शरीर से अशरीर को लाँघ कर
कभी कभी रहता हूँ
मेरा वही अतींद्रिय भावना राज्य में
तुम्हारे साथ रासलीला करते समय।

पायल : शपथ

पायल,
मैं और चिट्ठी नहीं लिखूंगा तुम्हारे लिए
रात रात भर जागकर
रास्ता नहीं रोकूंगा तुम्हारी
ट्युसन से आते समय
कान नहीं लगाऊंगा
तुम्हारी छम छम पायल की आवाज़ को
ऐसा कि तुम्हारी बात
बिलकुल नहीं सोचूंगा
तन्हाई में भी
ऐसा नहीं करूँगा शपथ लिया
पर हो नहीं पाया
तुम पुरे कब्ज़ा कर चुकी हो
मेरे सत्ताओं को।

पायल : उड़ान

पायल,
मना कर दिया इसलिए
मुँह नहीं खोल रही हो अभिमान से
ठीक है
अब मैं मुक्त किया तुम को
मेरा जीवन बंधन से
अब तुम जहाँ जाती हो जाओ
जितनी उड़ान भरना है भरो
लेकिन याद रखो
बेबस होने पर लौट आओगी मेरे पास।

मैं अति आदर सत्कार से
तुम्हारी थकी हुई पँख को सहला दूंगा
सुखी हुई चोंच में पानी डाल कर प्यास बुझा दूंगा
देखना,
एक परम तृप्ति से तुम्हारी
नींद आ जाएगी मेरी गोद में।

पायल: मायाजंन

पायल किस युद्ध विध्वस्त प्रान्त से
उड़कर आयी थी, मालूम नहीं
दरवाजे के मुँह पर खड़ी हो कर
दरवाजे पर दस्तक दी
मेरा ह्रदय का दरवाजा खुला
तुम्हारे लिए
आँखों में मेरी लगाई मायाजंन
अब फिर से उड़ने को तैयार हो गई।

मुझे क्या मालूम था
दो दिन की चाहत का ऐसा ही
अंत होगा लापरवाही से
खूब दर्द भरी हालत से।

■

पायल : पतंग

मैं तुमसे बहुत प्यार करता हूँ, पायल!
प्यार करता हूँ तुम्हारे भोलेपन को
तुम्हारी निष्कपटता हृदय को
तुम्हारी स्वच्छंदता को
ऐसे भी प्यार करता हूँ
तुम्हारी नफरत, तिरस्कार को,
तुम्हारा टालने को, निरवता को
निर्लिप्तता को गुमशुम भाव को।

चाहता हूँ, इसलिए तो,
पतंग बनाकर उड़ा दिया
मेरा यह चंचल मन को
तुम्हारे निकट को।

पायल : अनिवार्य मोह

पायल,
तुम्हारी तिरछी नजरें
मुझे बहुत ही प्रलुब्ध करता है।

कभी कभी अपनी छोटी सी गलती के लिए
जैसे तुम हाथ जोड़ लेती हो मेरे सामने
वह मुझे बहुत अधिक भावबिह्वल
और वसीभूत करता है तुम्हारे सामने
मेरी चाहत को दोगुनी करके।

तुमको चाहना अगर
इस सृष्टि में एक बूरी बात है
फिर तो मैं उस बुरे इलाके का
अधिश्वर बनना चाहता हूँ।
अगर यह एक अनुताप है
फिर उस अनुताप के अग्नि में
मैं जलना चाहता हूँ, मरते दमतक।

ऐसा अगर यह एक पाप है
फिर मैं नरक भोगने को तैयार हूँ
मैं उस नरक को जाऊंगा

साथ में लेकर मेरी चाहत का सुगंध
जिसमे खुद नरक के इष्ट भी
सुगंध विभोरित होकर
मुझे भेजवा देंगे तुम्हारे निकट ।

∎

पायल: अंतर्यात्रा

मैं नहीं जानता, पायल
तुम मेरी कविता पढ़ती हो या नहीं
और यह बात भी नहीं जानता
कविता पढ़ने के बाद तुम उसका अर्थ
समझती हो या नहीं
पर मैं इतना तो जरूर जानता हूँ
तुम कविता की स्वयं एक देवी हो
तुम स्वयं एक छन्दमयी गीति कविता हो
जिसके लिए मैं अनिद्रा हुआ हूँ सहस्त्र रजनी
जिसके लिए मेरी कविता में दीर्घ अंतर्यात्रा है।

■

पायल: श्रीकृष्णाय प्रेम

तुम जानती हो, पायल !
जिस दिन पायल पहनाकर
अलता लगाया तुम्हारी पैरों पर
मेरी कविता लिखने में
तुमको झूठ, मुझे सच
एक सपना देखा
ठीक उस दिन रात में।

उत्तर को सर कर तुम लम्बी होकर सोई हो
तुम्हारा शयन कक्ष की खटिया में
मैं तुम्हारा पदसेवा करता हूँ
बैठ कर, तुम्हारी पैर के नीचे में।

अचानक से मेरा यह सपना टूट गया
आधी रात को।

मन ही मन लज्जित हुआ
आज यह क्या सपना देखा मैं ने !
फिर अपना मन को समझाया अध्यात्मिकता में
यह तो श्रीकृष्णीय प्रेम था
मैं क्यों शर्माता हूँ बेकार में।

∎

पायल : छिंक

तुम जानती हो न' पायल
रात में सोने से पहले और
सुबह नींद टूटने पर
सबसे पहले तुम्हारी
बात याद आ जाती है मुझे।

तुम्हारी बात याद आने पर ही
खूब जोर से छिंक आती है मुझे
मुझे मालूम है, तुम भी उस समय
जरूर मुझे याद करती होंगी
नहीं तो मुझे छिंक क्यों आती ?

इस निरवता ही हमारा प्रेम है
और प्रेम का आगाज़ स्वीकृति
गभीर अनुभव
और अंतिम मंत्र !

पायल: अमृतमय प्रेम

पायल,
कभी कभी तुम बिना इस्त्री के
कपड़े पहन कर
घर से बाहर निकल आती हो
वह भी मुझे बेहद पसंद है।

कपड़े में ऐसा क्या है कि
ज़री लगी हुई जगमगाती कीमती कपड़े में
क्या चाहत छिपी रहती है?

प्यार पाने के लिए
ह्रदय की तरह ह्रदय होना चाहिए
उतना अगर ढंग से रहता है
बाकी सब अमृत समान है।

■

पायल : प्रार्थना

पायल,
तुम सज सवंरने के बाद
जानकारी में हो या अनजाने में
तुम्हारी कान के सामने से साम्पू की गई
जो बालों के गुच्छ लहराती है
वह मेरे लिए खूब आकर्षक है।

अगर सही मायने में देखा जाये तो
बालों को खूबसूरती से सवंरने के बाद
भी अच्छी नहीं लगती है क्या
उलझी हुई बालों का सौंदर्य ?
और कानों के दो झुमके
उसकी तो प्रतिध्वनि गूंजती है
मेरे अंदर दिन प्रति दिन।
हक़ीक़त में तुमको देखने पर लगता है
सच में जैसे खुले आसमान पर
शोभा पा रहा है पूर्णिमा का चाँद।
तुम जो सिर्फ देखने में सुन्दर हो
ऐसी बात नहीं है
सबसे सुन्दर है तुम्हारी सरलता
उससे भी सुन्दर है तुम्हारी बातों में मधुरता

तुम्हारी खुशी में ही मेरी खुशी है
मैं तो आसन मुद्रा में बैठ कर कभी कभी ईश्वर से
प्रार्थना करता हूँ, प्रभु !मेरी खुशी के लिए
पायल हमेशा ख़ुश रहे।

पायल : सचेतनशीलता

पायल,
राग, द्वेष, मान, अभिमान
साथ में लड़ाई झगड़े भी
जीवन में ये सब मामूली बात है
इसके अलावा
साधारण मनुष्य के जीवन में और क्या है ?

फिर तो, जीवन संपर्क में, जो बड़ी बात है
वह है,
आकस्मिक वात्या से सहा गया नुकसान
और आगामी आसन्न वात्या के बारे में
खूब अधिक जागरूक होना
और जैसे दोबारा नुकसान को
हर संभव टाला जा सके।

■

पायल: उपहार

पायल,
अब लौटाने की बात कर
रही हो
मेरी दी गई कुछ तोफाओं को
पर क्या लौटा पाओगी
मेरे हाथ से निकली हुई समय को
मेरे आँख से निकली हुई आंसुओं को
ह्रदय को शून्य कर
बहाई गई प्रेम की फलगु को
मेरे आँखों के सपने को ?

सच में क्या तुम लौटा दे पाओगी
मेरा वह बेपनाह महब्बत को।

■

पायल: व्यवधान

पायल,
मैं क्या इतना कसूरगार हूँ
जिसके लिए कोई माफ़ी नहीं है तुम्हारे ह्रदय में
मैं क्या इतना पापी हूँ
जिसके लिए कोई जगह नहीं है
तुम्हारा मन मंदिर में
मैं क्या इतना बदसूरत हूँ
जिससे कभी भी प्यार नहीं होता।

तब किस लिये पायल
किस लिये
तुम्हारे सामने रहते हुए भी
मुझ से आज भी तुम कोसों दूर हो।

■

पायल : ख़ुशी

पायल,
तुम्हारी नीरस चेहरा देखने पर
पता नहीं क्यों अचानक से
झंकझोर जाता है मेरी अंतरात्मा।

मेरी भावनाओं का डोर
उलझ जाता है अचानक
मेरे ह्रदय बीणा की तंत्रियों टूटकर
बेसुरा हो जाता है मेरा
विभिन्न कार्यों का संगीत।

जिस लड़की को देखने पर
मन में भर जाती है, बेहद खुशियाँ
उसका फिर मन में उदासी !हे भगवान!

मन ही मन प्रार्थना भी शुरू हो जाता है
उस समय
हे प्रभु!
दु:ख नाम का जो शब्द सृष्टि हुआ है
वह न रहे पायल का भाग्य अभिधान में
विषादग्रस्तता की छाया कभी भी न पड़े
उसके शरीर में।

बात हुई,
पायल मजे में है तब न,
मैं आनंद से मुस्कुराता हूँ, खाता हूँ
लैटता हूँ, गाता हूँ, लिखता हूँ
पायल की नाखुशी से
क्या यह सब कुछ संभव हो पाता ?
पायल के मन में
बहुत सारी खुशियाँ भर दो प्रभु
आज के लिए कम से कम
मेरा यही एक प्रार्थना है।

पायल: कलात्मक गुण

मुझे मालूम है पायल
तुम को ढंग से झोटी चित्र बनाना नहीं आता
फिर इसलिए इतना
दिल दुखाने की क्या बात है?

पढ़ने वाली लड़की हो तुम
पढ़ाई के साथ साथ सिलाई सिखना
झोटी चित्र बनाना, मेहंदी लगाना
चित्र आंकना, ऊन का स्वेटर बुनना
यह सब क्या आसान बात है?

याद रखो,
मनुष्य सारे जीवन कोशिश करने पर भी
कुछ काम को हासिल कर नहीं पाता
क्यों कि, वे सब हैं जन्मजात कलात्मक गुण
जो उसका साधना को त्वरित करता है।

कोई कोई एक या अधिक कार्य में
पारदर्शीता हासिल कर सकता है
पर सभी क्षेत्र में बिलकुल नहीं
इसलिए तो प्रत्येक मनुष्य
मरते दमतक नौसिखिया रहता है। ∎

पायल : जीवनमयता

पायल,
तुम क्या
शीत सुबह का दुब घाँस के ऊपर से बहता हुआ
ओंस का एक एक बूंद हो
जो फटी हुई होंठो को ठीक कर देता है
तुम से गहरी चाहत की बात
को बताने के लिए।

तुम क्या
घनघोर बारिश की रात की बिजली रेखा हो
जो रास्ते दिखाती है जीवनमय की ओर।

तुम क्या
एक अनजान ऋतु का
एक नई नाम विहीन चिड़िया हो
जिसकी मधुर गान
जीवन में सपना भर देता है।

तुम क्या
घने जंगल की एक अनजान फूल हो
जिसकी सुमधुर खुशबू से
हृदय महकता है बार बार। ■

पायल : प्रतिकल्प

पायल,
तुम चेतना को हलचल करने वाली
आवेग का मंद मंद हवा हो।

मन का निर्माण करने वाली और फिर कभी
विध्वंस करने वाली
एक निगूढ तत्व हो।

तुम खुद एक धू धू जलती हुई अरन्या हो
जहाँ एक बार जाने पर
मनुष्य लौटने का रास्ता भूल जाता है।

तुम सृष्टि का एक प्राचीनतम गुंफा हो
जिस द्वार से जन्म के बाद, लम्बा हो जाता है जन्म
काल काल तक।
तुम खुद एक बिंब हो
प्रति बिंब भी
जिसका प्रतिकल्प इस दुनिया में कुछ भी नहीं है।

∎

पायल: मौसम की बारिश

पायल मुझे तुम्हारे ख्यालों में
डूबे रहना बहुत अच्छा लगता है
अच्छा लगता है इसलिए तो सोचता हूँ
सुबह नींद टूटने के बाद
दोपहर भोजन के बाद छिंकते समय
तीसरे पहर की थकावट के बाद
सारे दिन काम काज के बाद
और सबसे ज्यादा याद करता हूँ
रात में सोने से पहले, बिस्तर पर लैट कर।

तुमको याद करना अच्छा लगता है, इसलिए तो,
मेरा पागलपन में तुम हो
मेरा विभोरपन में तुम हो
मेरा नित्य अन्यमनस्कता में तुम हो
मेरी चेतना का चतु:सीमा में तुम हो
सिर्फ इकलौती तुम हो, तुम हो, तुम हो
तब क्या इसी को ही कहा जाता है प्रेम ?
अगर हाँ,
कहाँ कभी तुम ने तो एक दिन भी
नहीं कहा कि
तुम जो सोच रहे हो मन में

वह कब से घर कर बैठ गया है
मेरे हृदय में
अभी भी भीग रहा हूँ मैं इकलौता
तुम्हारा गहरा प्रेम की मौसमी बारिश में।

पायल: उज्जल चाँदनी रात

पायल,
जानकर भी, अनजान होकर
एक दिन तुम ने पूछा मुझको
बोलिए तो,
जिस पायल को लेकर
आपके आँखों में आंखभर कर सपना है
और जिसके लिए
आप के ह्रदय से बहती, इतनी सारी कविताएँ है
हक़ीक़त में वह कौन है, कहाँ है उसका ठिकाना
देखने में वह कैसा है, फिर कैसा है उसका आचार विचार ?

मन ही मन संसय में पड़ गया मैं ने
ह्रदय की भावनाओं को हमेशा
क्या खोल कर बताया जा सकता है ?

इसके अलावा,ह्रदय का भाव अगर
दूसरों के ह्रदय को न छू पाए
तो उसका कोई प्रेम में गिनती है क्या ?

फिर भी मैं ने बोला :
पायल मेरे ह्रदय का स्पन्दन है

मेरे मन मंदिर की देवी है
रोज़ जो पूजा पाती है
मेरी चाहत का धूप और दीप में।

पंचधातु की प्रतिमा है वह
मक्खन से लेप उसका शरीर
देखने में अपूर्व सुंदरी, छूने पर लगती है मुलायम
वह है मेरी भाव सुंदरी
मेरे मन के नील आकाश में
पँख मार कर उड़ती हुई परी।

बागों में उज्जवल चांदनी रात
दिखती थी जग मगा कर
अचानक से तुम ने क्या सोचा पता नहीं
उठ कर चली गई मुझ से दूर होकर।

पायल : विरल अनुभव

पायल,
काफी दिनों से जान पहचान जनित संपर्क को
प्यार करना नहीं कहते हैं, वल्कि
प्यार करना तो एक स्वतंत्र कमजोरी होता है।

हृदय की मिट्टी में
चाहत का बीज अंकुरित होता है
एक विशेष मुहूर्त में
हो सकता है बाद में इसका
सठिक निर्धारण नहीं किया जा सकता
उस शुभ क्षण का।

एक बार प्यार के शिकंजे में फसने के बाद
चाहे तुम सूखे पेड़ पर बैठो
या तो फिर एक मकड़ी पत्थर पर
या फिर कीमती कारपेट पर बैठो
या रद्दी हेंस चिटाई पर बैठो
राज उद्यान में रहो
या गोचर घाँस के मैदान पर
उस जगह का, कोई कीमत नहीं रहता
वल्कि, तुम्हारा उपस्थिति ही
मन को प्रफुल्लित करता है।

जिन कपड़े पहनने पर
नारी का शरीर, ढंग से ढकती नहीं है
ऐसे कपड़े में न तुम्हारा रूचि है
और न मेरा।
नारी का सौन्दर्य क्या कोई बाजार का सामग्री है
कि जींस वस्त्र पहन कर
विज्ञापन देगी उसका शरीर का ?

नारी का असली सौन्दर्य तो'
छिपा रहता है उसके मन में, उसकी आत्मा में
जो जगमगा उठता है, उसकी आचरण में।

मैं जानता हूँ,
तुम कभी कभी खिड़की या दरवाजे के छेद से
या तो रास्ते किनारे, कोई पेड़ के पीछे से
कभी कभी छुप छुप कर झाँकती हो मुझे
मेरा उस रास्ते से गुजरते समय
शायद, एकांत में मेरी बात को परखने के लिए।

अभी अभी बादल से भरी मौसम में
ठंडी गायब होने की तरह
मैं भी कभी कभी गायब हो जाता हूँ
मेरे अंदर से मेरे प्रेम की माया जाल से
बिस्तर पर पड़ा रहता है
सिर्फ मेरा रक्त मांस का शरीर।

■

पायल : महानुभवता

पायल, बिना दोष के दूसरों के साथ
अनबन होना जितना तकलीफ नहीं देता है
उससे भी ज्यादा कष्ट तब होता है,जब अपने लोग
ठीक से समझने की मुझे कोशिश भी नहीं करते हैं
और दूसरों के साथ ताल से ताल मिलाकर
एक ही स्रोत में तैरते चले जाते हैं।

लेकिन मुझे अच्छी तरह मालूम है
दूसरों के द्वारा इर्षा का शिकार होना
मेरा यह निर्धारित भाग्य है
अपनों से हीन मान्यता के आग में धू धू जलता हुआ, उस इर्षाशील
व्यक्तियों का प्रतिरोध करना
मेरी इच्छा और आग्रह का बिरुद्ध है।

इर्षा की जलन से जल जल कर राख होती है
उन लोगों की पूरी जिंदगी
फिर भी हमेशा सुराक ढूंढ़ते फिरते हैं
और मेरे पीठ पीछे दुश्मनी करते रहते हैं।

जब खुद की बात सोचने का समय नहीं है मेरा
चाहे होते रहें उनलोगों का इर्षा का शिकार, वार
मैं भी क्यों सोचूंगा किसीका बुराई बेकार ? ■

पायल : मन पक्षी

पायल, कितने दिन बीत गए हैं
एक भी शायरी मैं ने नहीं लिख पाया है
जो तुम को लेकर लिखना था
कितने दिन बीत गए हैं
पर भावनाओं का बीज नहीं बो पा रहा हूँ
कार्य व्यस्तता के प्रतिकूल मौसम के कारण।

तुम्हारी भावनाओं से भरी आँखों को
फिर से, शुरू से पढ़ने के लिए
कबूतर के माध्यम से चिट्ठी लिखा है मैं ने।

कभी कभी तुम्हारी बात याद करते करते
मैं उड़ाता हूँ, मन पक्षी को मेरा, तुम्हारे पास
तुम्हारे कंधे पर वह तोते की तरह बैठ जाता है।
कान में फुसफुसाने को वह बात
जो तुमने अबतक सुना नहीं है।

सच में पायल !
विभिन्न उत्तेजना पूर्ण जीवन में
तुम ही प्रकृति का श्रेष्ठ उपादान हो
पथरीला मेरा दुर्गम पगदंडी पर
तुम ही शांत, निरीह स्वप्न हो।

मेरी डायरी में, अगली तारीख के लिए
नोट किया है मैं ने
उस दिन तुम ने जो पूछा था
जानने के लिए
नहीं, अब नहीं, रहने दो
बताऊंगा वह बात, किसी और दिन।

पायल : श्वासत संपर्क

पायल,
मेरी बाएँ जो शून्यस्थान रहता है
तुम्हारी गैर हाजरी का , तुमको रखता हूँ मैं वहां
वैसे ही, जैसे तुम मेरे पास हो।

कश्मीरी कम्बल की तरह मुलायम,तुम्हारा
हाथ का स्पर्श पाने के लिए
मैं इंतजार करता हूँ
अनंत समय तक के लिए
हमारा श्वासत संपर्क का अनमोल रत्न को
मैं चांदी के डब्बे के अंदर खूब जतन में
सैंता हूँ मेरे सीने के संन्दुक में
जैसे किसी का नजर न लगे।

कभी कभी तन्हाई में देख कर मौका
मैं खोलता हूँ उसको
प्यार से सहला देता हूँ
पालतू बिल्ली की तरह,उसका कोमल शरीर को
आह !तुम क्या मेरा वही
अपरिमित सुख का एक अकस्मात हेतु हो
जो मुझे डूबाता है भाव का अथाह सागर में

उड़ाता है मुझे अनंत आकाश से अंतरिक्ष तक में
जो मेरी निर्वैक्तिक चेतना को
प्रज्ञादिप्त और परिव्याप्त करता है अनंत दिगमण्डल तक में ।
तुमको झूठ, मुझे सच
याद करता हूँ तुमको निरंतर मैं।

■

पायल: अंवेषण

पायल,
तुमने मुझे ढूँढा
घर में, बाहर में, दोस्तों के मेल में
भीड़ में, सुनसान, सन्नाटे जगह में
इतना तक ढूँढा तुम ने
जमीन से पाताल तक, आकाश से अंतरिक्ष तक
मुझे कहीं पर भी नहीं पाया।

पाती भी कैसे तुम,
मैं जो तुम्हारे ह्रदय में हूँ
सब की नजर से छुप कर
सीने में एक बार हाथ रखकर देखो मेरा
कैसे धड़कता हूँ मैं
हर पल, तुम्हारी धड़कन में हूँ मैं।

अब तुम अकेली नहीं हो
चलो साथ होकर ढूंढेंगे हम दोनों
अनंत आकाश की नीलिमा को
चांदनी रात की स्निग्धता को
तन्हाई में आत्मविभोरता को
सागर के श्वासत प्रेम में नंदनीकता को
मनुष्य के ह्रदय से धीरे धीरे लुप्त होता हुआ सह्रदयता को।

शरत शुभ्रता के मन को लेकर ढूंडेंगे क्या
रिमझिम सावन की बारिश में स्वर समता को
कुंवारी झरने की अबुझ रागिनी को
अलंकार रहित ऊष्म सिहरन को
पूस के सुबह कोमल किरण को।

ढूंढ़ने के बाद में परखेंगे
ये सब एक भिन्न खोज था
कितना गौरवान्वित किया है
जीवन को सच में।

■

पायल : पूर्वी राग

बल्कि न देखो मेरा सपना तुम्हारी गहरी नींद में
न देखो मेरी ओर, तुम्हारी तिरछी नजरों में
बल्कि न सुनो मेरे प्रेम को पूरबी राग में
न उच्चारण करो मेरे प्रेम के प्रणब ओर ओमकार ध्वनि को
बल्कि न हो मेरा प्रेम का कम्पन, तुम्हारे हृद स्पन्दन में
बल्कि न लिखो प्रेम पत्र मेरे पास,
अत्तर छिड़की हुई गुलाबी कागज़ में
बल्कि न हो तुम्हारी पायल की छम छम आवाज
मेरी नज़रों में
बल्कि न पड़े मेरे सामने
तुम्हारा अलता लगा दोनों लक्ष्मी पैर
फिर भी मेरी चाहत तुम्हारे लिए
जरा भी कम नहीं होगा,ओ प्रिये।

पायल: आंख की भाषा

न देखो न सही मेरे ह्रदय के अंदर छुपा प्रेम को
न पढ़ो न सही मेरे अपेक्षित आंख की भाषा को
मत दिखाओ तुम्हारी मुस्कुराहट, मेरे साथ मुलाक़ात में
न बोलो न सही कोई बात, किसी अनजान अभिमान में
न जाओ न सही मेरे साथ लवर्स पॉइंट में
चाहे न पकड़ में आओ, मेरे बाहों के बंधन में
चाहे मत दो मेरी चाहत का इनाम
मत सोचो मेरी बात तुम्हारे सोते समय में
फिर भी मैं तुम को
जी भर के चाहता रहूँगा, ओ प्रिये!

■

पायल: निशीपद्मा

ओ जी निशीपद्मा!
चाहे आबृति न करूँ सही, तुम्हारे लिए हिंदी शायरी
चाहे न मुलाक़ात करूँ तुमको एकांत में किसी एक
वृक्ष की छाया में
चाहे न बोल पाऊं मेरी दिल की बात
खोल कर तुम को, मैं एकांत में
न दे पाऊं न सही तुमको मैं चांदी या हीरे के गहने
चाहे न सुन पाऊं तुम्हारी कंठस्वर मेरी कानों से बाहर।
चाहे न देखूँ तुम्हारी तनुवल्लरी को मेरी बंकिम नयन से
चाहे न जाऊँ तुम्हारी ओर आकर्षित होकर तीव्र आवेगा से
चाहे न कहूं दो पद बातें, तुम्हारे पास बैठकर
चाहे न खरीद पाऊं तुम्हारा मन और
ह्रदय मेरी चाहत के बदले में
फिर भी तुमको बहुत चाहता हूँ जी, प्रिय सखी!

■

पायल : आवर्तन

पायल,
तुम कुमार पूर्णिमा का चाँद होने पर
मैं तुम को उतारूंगा पूजा थाली में
मंगसीर में पके धान के कल्ले होने पर
सजाऊंगा मैं झोटी चिता पर ।

डोली पूर्णिमा आने पर
फगु रंग में रंगा दूंगा
तुम्हारी गालों को

अब
अगर होना है तो हो जाओ
खुले मैदान में मेरी सीटी
मन मतवाला स्वर
पहली शीत का सिहरन
आगमन संध्या का वैदिक मन्त्र उच्चारण
मेरी दाहिने आंख में बार बार स्फूरण।

होगी क्या एक बार
मंत्र मुग्धकरी सिंफनी
मेरे ह्रदय की आर्केस्ट्रा में ?

तुम नैया, मैं नैयारी
तुम पथ, मैं साधारण पथचारी।
तुम माया दिवार
मैं अंगारगार का एक रेखा हूँ।

फिर घनघोर बारिश की रात में
तुम एक पतली होली नाव हो
भरी नदी पार होने के लिए
मैं एक लचीला पतवार हूँ
ओ प्रियंवदा !
मोक्ष नहीं चाहिए मुझे
बल्कि मुझे समझा दो
कैसे बना जाता है
प्रेम का विशुद्ध अवतार।

अभी तुम आशीन की देवी हो
मैं हूँ तुच्छ महिसासुर
छाती पताया मैं तुम्हारे सामने
जितना होता है बिद्ध करो
इस सीने को मेरा।

ओए, प्रानेश्वरी !
तुम जो हो मेरू खम्बा
जिसको केंद्रित कर
अर्बुद, अर्बुद युग
मेरा आवर्तन है।

■

पायल: भाव सुंदरी

तुम कभी कभी छंद भरी गीतिकाव्य होकर
मन बहलाने वाली हिरनमय नारी हो
फिर कभी धातुओं से निर्मित होकर
ह्रदय को काटने वाली तेज़ तर्रार छुरी हो।

तुम स्वयं कभी उछलती हुई
भाव गद गद उल्लास का फेन हो
फिर मृत इच्छा भी हो।
कभी तुम धू धू जलती हुई
तीव्र कामना हो
फिर तो कभी शमशान बैराग्य हो।

तुम स्वत: आग्रह और उन्मादना का
एक स्रोतश्विनी नदी हो
तुम भी अमावस्या की रात का सामुद्रिक भाटा का
एक शुष्क समुद्री किनारा हो।

तुम कभी छल छल तन्मयता
तो फिर कभी उदासी बिमुखता।
तुम
अपूर्व अनुराग भरी एक नशा हो
तुम एक कठिन तपस्या भी हो।

तुम मायाजाल हो
मैं सम्मोहित दर्शक
मैं एक माचिस की तीली हूँ
तुम असली रंजक भी हो।

बोलो सखी!
ह्रदय के प्रेम से और कोई चीज महगा है
इस दुनिया में
नि: स्व मैं तुमको सोचता हूँ
यह ह्रदय है मेरा बेफिक्र
तुम को दे देने के बाद।

■

पायल : मेघ पालकी

तुम हुई हो मेरी जादूगरी शब्द का
मनमोहक भाव
फिर तुम उसी भाव का सौंदर्य
आकर्षण के अंदर, तुम मेरे लिए
सर्वोत्तमा, अनुपमा और अनन्या।

तुम्हारे लिए रोज़ जलकर राख होता हूँ मैं
फीनिक्स पक्षी की तरह फिर राख से
जीवन दान पाकर
तुम को जान से ज्यादा चाहता हूँ मैं।

प्रिये!
तुम्हारी आँखों का आंसू मैं कभी नहीं बनूँगा
नहीं करूँगा किसी खुनी संघर्ष का आगाज़
अगर रहूँगा तो सिर्फ तुम्हारा
प्रेमानुबद्ध जिवंत किम्वदंति बनकर।

ओ जी, कोमल अंगिनी!
नीलकमल का पराग के सदृश्य तुम्हारी सम्मोहिनी आँख का
आमंत्रण को टालने की शक्ति
कहाँ है मुझ में!
तुम्हारे सामने जाने के लिए

मन विचलित होता है तब तो
मैं जरूर जाऊंगा।
तुम्हारे पास पहुँचने के लिए
मुझे अवश्य रास्ते में पार करने होंगे
कटास की टिमटिमाती आंखे
दूसरों की बात पर नाक घुसाकर रोज़
मुआयना करता हुआ भुआँ की तलाशी
काले कुत्ते के तेज़ तर्रार दाँते
व्यर्थ प्रेमिक के अक्रोशें
तुच्छ में दाँत रगड़ कर
दुश्मन की बिछाई हुई जालें ।

अगर एक बड़ा जादूगर भला होता मैं
जब चाहता
सभी की आँखों में धूल झोंककर
आसानी से पहुँच जाता
तुम्हारे पास, खूब एकांत में!

जाने को अगर जी चाहता है तो मैं जरूर जाऊंगा
पर कांच व्यापारी या योगी की वेश में
कभी भी नहीं जाऊंगा
पकड़े जाऊंगा।

ओंस से घिरा घने बादल में जाऊंगा
किसी को नजर नहीं आऊंगा
मेरा हरे सपने में दोनों पँख लगा कर
उड़ उड़ कर जाऊंगा
मेघ पालकी में बैठ कर जाऊंगा।
पवन का साँ साँ शब्द बन कर जाऊंगा

मोहन के बांसुरी की सूर बनकर जाऊंगा
संगीत की धुन बनकर जाऊंगा
तुम्हारी गहरी नींद का सपना बनकर जाऊंगा
अगर ये सब कुछ कर नहीं पाया तो
छिंक बनकर जरूर जाऊंगा
तुम जब आ छिंक कर छिंकोगी
तब मैं सीधा तुम्हारे पास पहुंच जाऊंगा।

पायल : को -पार्टनर

कभी कभी तुम्हारे घर के सामने, रास्ते में
या तो हनुमान मंदिर के सामने में
टहलता रहता हूँ मैं
बाएँ हाथ को झूठ मुट कान में लगाकर
दूर से देख कर कोई सोचेगा जैसे
मैं किसी के साथ बात कर रहा हूँ
लेकिन मैं उस समय इतना उत्सुक रहता हूँ
एक बार तुम्हारे साथ अगर हो जाता मुलाक़ात।

दूसरे दिन छोटे बच्चे के गाल में
चुम्बन लगाता हूँ तुमको देख कर
मेरे होंठों के उस चुम्बन लेकिन
रहता है सिर्फ तुम्हारे लिए।

कभी कभी कोई पार्टी डांस में
मैं तुमको रखता हूँ ख्यालों में
मेरा को -पार्टनर
तुम्हारी पतली कमर पर
बाएँ हाथ से जकड़ कर
डांस करते समय
मदहोश होता हूँ बार बार।

कितना गजब का पागलपना तुमको लेकर
अभी निकला है मेरे अंदर
तुम वह सब विश्वास करो
या न करो मुझको लेकर।

पायल : स्निग्ध उच्चरण

पायल,
तुम मुझसे कविता सुनते सुनते
तुम जो एक न एक दिन, खुद ही
कविताओं का खाता बन जाओगी मेरे लिए
यह बात कभी सपनों में भी नहीं सोचा था मैं ने

मनुष्य में सभी जंजाल, कार्य व्यस्तता, उत्तेजना होने पर भी
जीवन में कुछ मधुरपन छुपा रहती है
वही मधुरपना स्वाद ही जीवन का असली स्वाद है
माधुर्य के बिना जीवन जो जीवन नहीं है
यह बात सब तुम को अच्छी तरह मालूम है।

तुम ही मेरे लिए वही मधुरीमा हो
मेरा भाव आहरण में तुम सबसे बड़ा आकर्षण हो
तुम्हारी बात एक दिन भी न सोचूँ तो
सारे दिन लगता है जैसे मूल्यहीन।

तुम अपनी जगह पर न हो कर भी
रहती हो किसी एक
सपिंग मॉल, किट्टी पार्टी, चिल्ड्रेन पार्क में
या मौराली मछलियां छलांग लगाने की तरह
ऊँगलियाँ हिलाती हो
कोई एक पिकनिक स्पोर्ट में, प्रपात जल में।

तब, तुम कहीं भी रहो
मेरी चाहत में भाव तरंगीत होकर
जरूर पहुंचेगी तुम्हारे पास
तुम्हारी कानों में जरूर गूंजेगा
मेरा वही सुमधुर सम्बोधन
जो अबतक तुमको नहीं बुलाया मैं ने!

तुम्हारा चेहरा का उदासीपन मैं सह नहीं सकता
किस अनजान आशंका से सिकुड़ जाती हो, तुम ?

तुम्हारी जो निर्लेप होंठो की असली मुस्कुराहट है
और बादल से घिरा अंधेरी आँखों का डोला है
नीलकमल आँखों की नमकीन नजरों में
आकाश से झुंक आता है मेघ पहाड़ सीने में
फूल सब गुफ्तगू करते हैं बागों के कोने में
नदी अन्यमनश्कता में गा उठती है पुलक रागिनी
और शब्दों भी श्रृंखलागत क्रम में बैठते हैं
जैसे बैठता है बात कहता हुआ पक्षी समुह बिजली की तार में
वही अमूल्य विभव
कभी कभी तुम कहाँ गवां देती हो।

तुम को मेरी चाहत की कसम
तुम रहो पहले जैसा सहज और चंचल।
मुझे मालूम है,
चारों ओर शत्रु सेना
उग्रवादियों की असंभव जमावेड़ा
गरजता है कमान और ग्रेनेड ताबड़तोड़
उसके बाद भी नहीं रुकेगा हमारा
अपार्थिव प्रेम का स्निग्ध उच्चारण। ∎

पायल: बंसी के सात स्वर

पायल,
कभी कभी मैं निर्मल पूर्णचंद्र की तरह गुम हो जाता हूँ
चलती बादल सदृश्य तुम्हारी उलझी घनीजुल्फों में
फिर कभी गजमुक्ता की तरह उज्जवल दिखता हूँ
तुम्हारी दंतपंक्तियों में।

तुम्हारी मेघवर्ण नयन की मंत्रमुग्ध नजरें
मुझे हलचल करती है बार बार और
मुझको मुझ से भगा ले जाती है कोई सपना देश में
जहाँ मैं खुद को पाता हूँ, एक राज उद्यान में
पुष्प वाटिका में तुम्हारे साथ बैठ कर
बहुत सारी कहानियों का मजा लेते समय
अविराम कहानी में निमग्न होते समय।।।।।।!

तुम्हारी कानों की झुमके कब से देखा नहीं है मैं ने
क्या सैंत कर रख दी हो संन्दुक में
तुम्हारी पाँव की पायल और झंकृत नहीं हो रही है
क्या गवां दी हो उसे तालाब के घाट में?

हालाकि संन्दुक और तालाब तट जैसे शब्दों के साथ,
तुम बिल्कूल परिचित नहीं हो

जैसे मैं भी परिचित नहीं हूँ
तुम्हारी कपटता के साथ में ।

तुम्हारीआलसी अंगड़ाई से बेमौसम मलय बहती है
बंसी के सात स्वर से मैं प्रीत की गजल गाता हूँ।

तुम्हारी बंकिम नजरों की संगुप्त इच्छाओं से
निधन होना जब मेरा भाग्य लेखन है
तब मेरा दोष देना भी किसी को नहीं है।

और कबतक सखी मैं इंतज़ार करूँगा तुम्हारा
आओ चलते हैं दिगमण्डल के उस पार
जहाँ पहला पड़ेगा केवल
हम दोनों का हल्दी पानी से धोया हुआ
दो पदचिन्ह
बाएँ तुम्हारी, दाहिने मेरा।

BLACK EAGLE BOOKS

www.blackeaglebooks.org
info@blackeaglebooks.org

Black Eagle Books, an independent publisher, was founded as a nonprofit organization in April, 2019. It is our mission to connect and engage the Indian diaspora and the world at large with the best of works of world literature published on a collaborative platform, with special emphasis on foregrounding Contemporary Classics and New Writing.

www.ingramcontent.com/pod-product-compliance
Lightning Source LLC
Chambersburg PA
CBHW021627080526
44585CB00013BA/883
* 9 7 8 1 6 4 5 6 0 5 3 6 2 *